八极拳

全民健身项目指导用书

张蕾◎主编

吉林出版集团股份有限公司　全国百佳图书出版单位

图书在版编目（CIP）数据

八极拳 / 张蕾主编. -- 2版. -- 长春：吉林出版
集团股份有限公司, 2010.2（2024.8重印）
全民健身项目指导用书
ISBN 978-7-5463-2358-9

Ⅰ. ①八… Ⅱ. ①张… Ⅲ. ①拳术－基本知识－中国
Ⅳ. ①G852.19

中国版本图书馆 CIP 数据核字(2010)第 028355 号

全民健身项目指导用书

八极拳
BAJIQUAN

主　　编　张　蕾
责任编辑　黄　群　杜　琳
封面设计　吕宜昌
开　　本　650mm×960mm　1/16
印　　张　6
字　　数　30 千
版　　次　2010 年 2 月第 2 版
印　　次　2024 年 8 月第 4 次印刷

出版发行　吉林出版集团股份有限公司
地　　址　吉林省长春市福祉大路 5788 号
邮　　编　130000
电　　话　0431-81629968
电子邮箱　11915286@qq.com
印　　刷　三河市金兆印刷装订有限公司
书　　号　ISBN 978-7-5463-2358-9　　定　价　33.00 元

序言

　　自 1995 年我国政府推出《全民健身计划纲要》以来，我国群众性体育活动蓬勃发展，取得了显著的成绩。2008 年，举世瞩目的北京奥运会的成功举办，极大地激发了亿万人民群众的体育热情，增强了全社会的体育意识，营造了浓厚的全民健身氛围。面对这样的可喜局面，群众体育科研、教学工作者应义不容辞地为社会实践服务，从不同角度思考，如何使普通百姓通过简而易行的身体锻炼方式、方法和手段达到良好的健身效果，达到拥有健康的目标，从而享受生活、享受快乐人生。该书系就是在这样的思想指导下诞生的。

　　本书系能够顺应国家体育的大政方针，掌握时代脉搏，对指导大众健身，使大众掌握健身方法和手段有很好的促进作用。

　　本书系图文并茂，实用性强，分为球类运动、体操健身运动、传统武术、冰雪运动、水上运动、体育舞蹈、休闲运动、格斗运动、民间体育活动和极限运动等十大类项目，计 100 分册，按照统一的体例，力争有所创新。每册的具体内容为该项目的起源与发展、运动保健、基本技术、运动技巧、比赛规则等，使读者在学习过程中，不仅能够学会运动健身的方法，同时还能够学到保健方面的基本知识。

经国务院批准，自 2009 年起，将每年的 8 月 8 日定为"全民健身日"。《全民健身项目指导用书》的出版，必将为开展全民健身活动起到积极的推动和指导作用。

目录 CONTENTS

第一章 概述
第一节 起源与发展/002
第二节 场地和装备/004

第三章 基本技术
第一节 手形/028
第二节 步形/032

第二章 运动保健
第一节 自我身体评价/008
第二节 运动价值/012
第三节 运动保护/016

目录 CONTENTS

第四章 高级竞赛规定套路

第一节　第一段/042
第二节　第二段/050
第三节　第三段/060
第四节　第四段/069

第五章 比赛规则

第一节　比赛方法/084
第二节　裁判方法/085

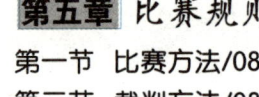

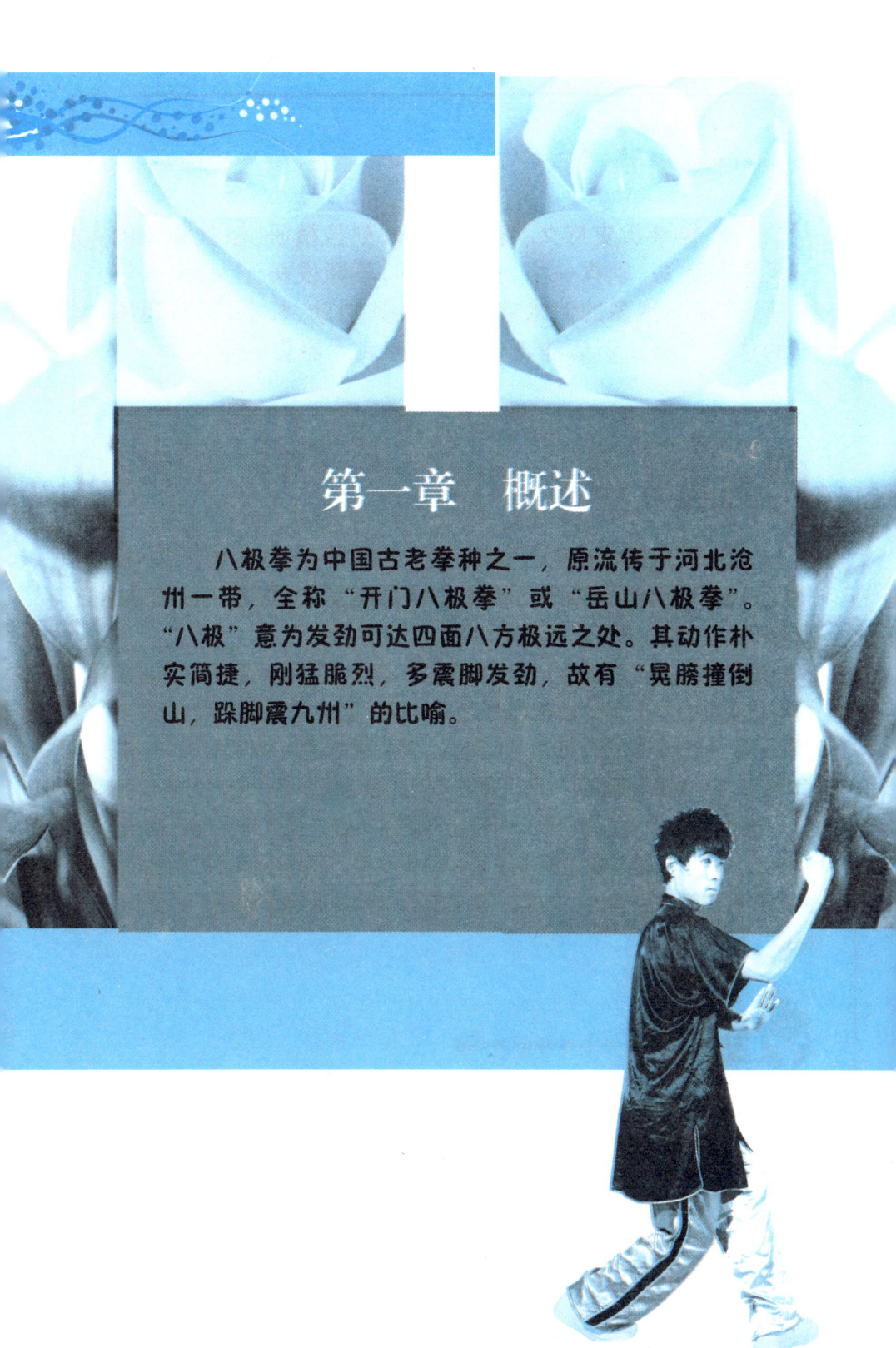

第一章 概述

八极拳为中国古老拳种之一，原流传于河北沧州一带，全称"开门八极拳"或"岳山八极拳"。"八极"意为发劲可达四面八方极远之处。其动作朴实简捷，刚猛脆烈，多震脚发劲，故有"晃膀撞倒山，跺脚震九州"的比喻。

第一节

起源与发展

八极拳历史悠久,经历代传人刻苦精研,以其独特的风格和练法,别具一格,自成一家,不断发扬光大,经久不衰,涌现出诸多的武术名家,并且其刚劲、朴实、动作迅猛的独特风格使该运动流传至今,在武术界影响很大。

八极拳早年因地域不同而被称作"巴子拳""八忌拳""八技拳""开门八极""开拳"等。到了近代,人们根据其发劲可达四面八方极远之处的特点,以"八极"二字定名。

关于八极拳的溯源至今仍颇具争议。其中,流传较广的一种说法是:清雍正年间,河北沧州孟村习武之人吴钟,因机缘巧合,受业于自号为"癫"和"癖"的两个云游道人。其后,吴钟凭借道人所传武功,三进三出少林寺,寺中众多暗器无一伤其毫发,自此始成民间第一位八极拳高手。

数百年间,八极拳门下的传奇人物屡见不鲜,历代传人刻苦精研八极拳技法,使之完整系统地流传下来,经久不衰,涌现出诸多武术名家,在武林界影响颇深,例如"神枪"李书文、中南海保镖李健梧、"康德第一保镖"霍殿阁等。

经过不断发展和完善,八极拳逐渐走上了规范化道路,并成为全民健身运动的有机组成部分。

传播

八极拳是一种短打拳术，该拳动作中涉及肩、背、肘、膝撞靠的颇多，充分体现出紧逼硬攻，以短制长的技术特点。比起蕴含中国深厚传统文化哲理的太极拳，八极拳更多的是民俗化的人文气质，强调强身健体，举手投足凌厉生猛，诠释着中华民族的坚韧性格。

中华人民共和国成立以后，八极拳作为传统项目，被列为全国武术表演和比赛项目，得到积极的扶持和发展。

随着社会的发展，越来越多的人开始关注健康，对八极拳的关注也渐渐多了起来。目前，八极拳的分布很广，国内的河北、吉林、山东、辽宁、北京、天津、陕西和甘肃等地，都有八极拳的爱好者。并且国内许多地方武警、经警、保安和公安人员的身体培训，也把八极拳列为重要训练项目。

国外对八极拳的研究也很重视，日本曾专门派代表团来华学习八极拳。现在八极拳在美国、日本和东南亚各地均有传播。

发展趋势

八极拳内容丰富，形式多样，风格独特，运动简便，老少皆宜，具有广泛的群众基础。长期习练可以提高身体的协调性、灵敏性和柔韧性，有助于身体各部位的均衡发展，改善神经系统机能，对心血管系统有良好的作用。因此，随着全民健身运动的蓬勃发展，八极拳已成为全民健身项目的重要组成部分。

第二节

场地和装备

高质量的场地能够为运动提供安全保障，良好的装备是运动参与者高水平发挥的必要保证。

概述

（1）一般正规比赛中的场地为平地或在其上铺地毯，场地长 14 米，宽 5 米，沿四周内沿标明 5 厘米宽的边线，在两条长边的中点，各画一条与长边垂直的长 30 厘米的线段，作中线标志，线宽 5 厘米；

（2）如在多人比赛或集体练习中，一般人与人之间的距离是前后左右大约 1.5～2.5 米为宜，这样左右增加 1 人，场地的长度就相应增加 2～3 米，前后增加 1 人，场地的宽度就相应增加 2～3 米。

（1）初学者最好在地面质量较高的场地练习，如塑胶场地；

（2）为了能够随时进行练习，练习者也可以选择在空地或家里的地板上（最好铺有地毯或海绵垫子）进行；

（3）练习时一定要遵循循序渐进的原则，以减少运动损伤。

武术运动员专用服装应具有中华民族特色，其中有不同规格的沿边、布祥、绸腰带、板带、灯笼袖口和灯笼裤脚等。现代武术服装亦有西式裤、短袖上衣等式样，可镶有不同色泽的装饰品。

材质

服装可用绸料、缎料或其他布料制成。

（1）武术的服装要以宽松，易透气吸汗为佳，并且应具备耐磨和抗划伤的优点，颜色主要分黑、红、蓝、白，常用的为黑色；

（2）服装上不得有多余的附带物；

（3）鞋一般用软胶底，应便于蹬地和发力，而且防滑，最好是聚氨酯鞋底，高耐磨，轻便舒适。

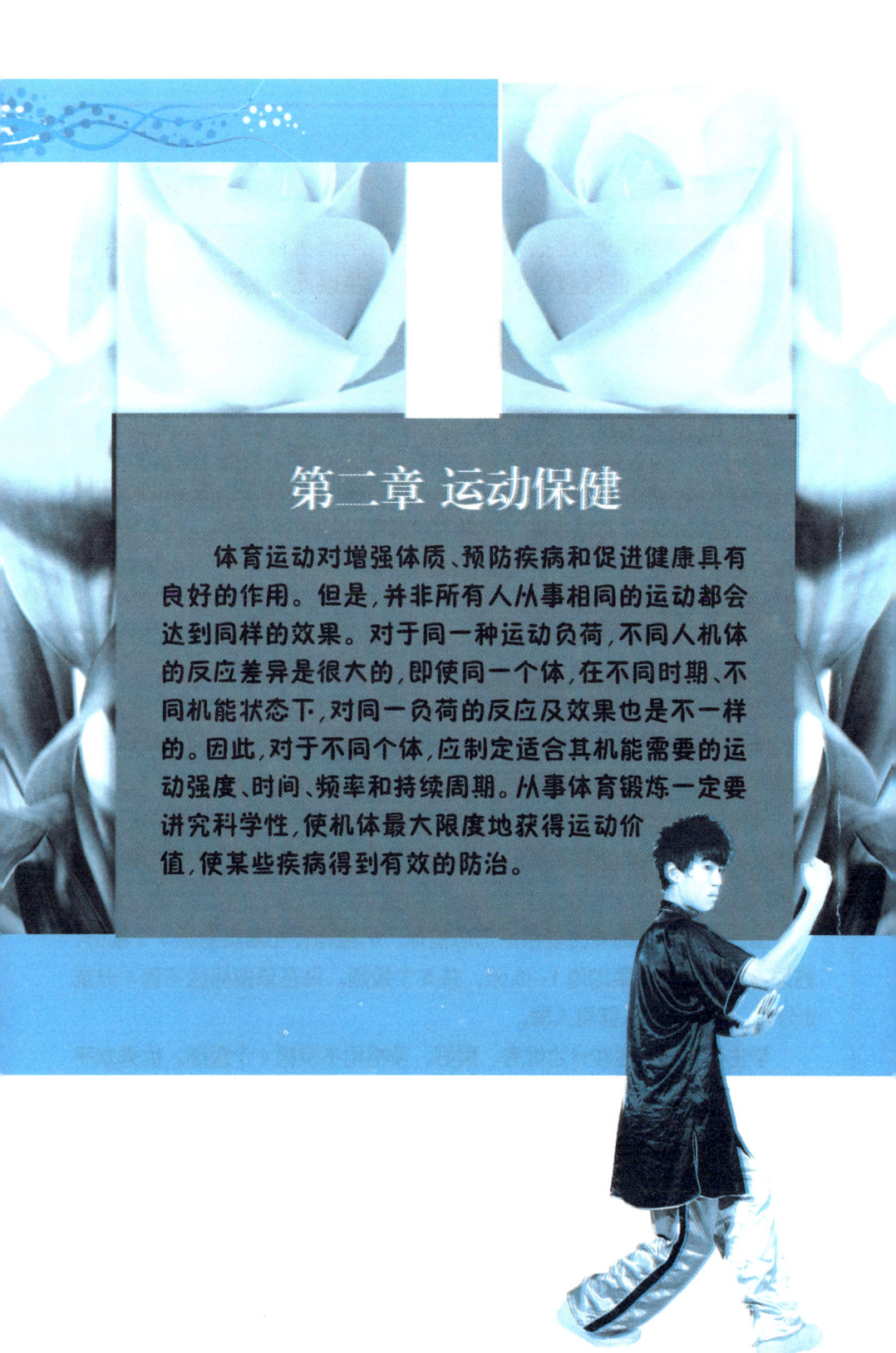

第二章 运动保健

　　体育运动对增强体质、预防疾病和促进健康具有良好的作用。但是,并非所有人从事相同的运动都会达到同样的效果。对于同一种运动负荷,不同人机体的反应差异是很大的,即使同一个体,在不同时期、不同机能状态下,对同一负荷的反应及效果也是不一样的。因此,对于不同个体,应制定适合其机能需要的运动强度、时间、频率和持续周期。从事体育锻炼一定要讲究科学性,使机体最大限度地获得运动价值,使某些疾病得到有效的防治。

第一节

自我身体评价

　　自我身体评价是指根据个体的不同情况以及简单的功能评定标准，对锻炼者进行身体评价，并以此为依据，确定具体的锻炼内容。

适宜人群 ◆◆◆◆◆◆◆◆

　　体适能是全身适应性的一部分，是人体精神和体力对现代生活的适应能力。为了促进健康，预防疾病，提高生活质量和工作学习效率，几乎所有人都可以追求健康的体适能，而且经过简单的评价和测试，均可以成为目标人群，即适宜人群。

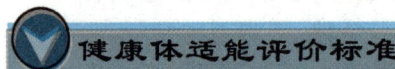

健康体适能评价标准

　　健康体适能是指身体有足够的活力和精力处理日常事务，而不会感到过度疲劳，并且还有足够的精力去享受休闲活动和应对突发事件。

　　健康体适能是确定锻炼者是否为运动适宜人群的主要依据。目前的评价标准主要包括国民体质测定标准、学生体质测定标准和普通人群体育锻炼标准等。

　　国民体质测定标准主要包括形态指标、机能指标和素质指标 3 个部分，各项指标的测定结果均为 1～5 分，共 5 个级别。凡各项指标达不到 4 分或 5 分者，均应被纳入健身人群。

　　学生体质测定标准分为优秀、良好、及格和不及格 4 个级别。优秀水平以下者，均应被纳入健身人群。

　　普通人群体育锻炼标准分为 5 个级别，凡达不到 4 分或 5 分者，均应被纳入健身人群。

简易运动功能评定

简易运动功能评定的目的在于确定运动对象有无运动禁忌症或临时运动禁忌的情况，即是否适合参加体育锻炼，以达到防备万一，避免意外事故发生的目的。目前通行的方式是 3 分钟踏台阶测试。

目的

测试锻炼者运动后心率恢复的情况，以评估其心肺功能。

器材 见图 2-1-1

30 厘米高的长凳、节拍器、秒表和时钟。

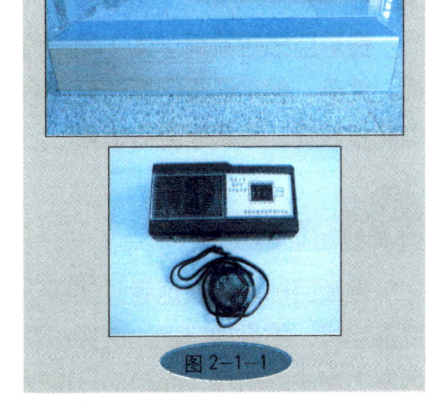

图 2-1-1

步骤 见表 2-1-1

（1）节拍器设定为每分钟 96 次，锻炼者依"上上下下"的节拍运动 3 分钟。

（2）锻炼者完成 3 分钟踏台阶后，5 秒钟内开始测量其脉搏，时间为 1 分钟，记录其心率，并依据下表评价其功能水平。

（3）运动后心率越低，证明其心肺功能越好。在运动强度允许的范围内，锻炼者可选择运动强度的较高值来进行运动。

 表 2-1-1　3 分钟台阶测试评价表

	年龄（岁）	欠佳（次）	尚可（次）	一般（次）	良好（次）	优异（次）
男士	18~25	>115	105~114	98~104	89~97	<88
	26~35	>117	107~116	98~106	89~97	<88
	36~45	>119	112~118	103~111	95~102	<94
	46~55	>122	116~121	104~115	97~103	<96
	56~65	>119	112~118	102~111	98~101	<97
	65+	>120	114~119	103~113	96~102	<95
女士	18~25	>125	117~124	107~116	98~106	<97
	26~35	>128	119~127	111~118	98~110	<97
	36~45	>128	118~127	110~117	102~109	<101
	46~55	>127	121~126	114~120	103~113	<102
	56~65	>128	118~127	112~117	104~111	<103
	65+	>128	122~127	115~121	101~114	<100

注意事项

如受试者经过努力仍无法完成测试，或出现头晕、胸闷、出冷汗等症状，应终止测试。运动中应特别考虑运动强度，以防出现意外。

锻炼三标

锻炼目标应根据个体不同的身体状况来确定，可分为近期目标和远期目标。此外，确定锻炼目标还应结合锻炼者的运动意向、愿望和兴趣以及本人的健康状况、疾病程度等因素。

近期目标

近期目标是指锻炼者近期应达到的目标。在进行运动之前，应首先明确锻炼目标，即近期目标。选择一两个健康体适能构成要素，作为未来两个月内努力完成的目标，而且应从成功概率较高的构成要素开始，并将预期两个月后要达到的目标做上记号，如提高某个或某些关节的活动幅度，增强某个肌肉群的力量等。

远期目标

远期目标是指锻炼者最终要达到的目标。实践证明，经过科学合理的锻炼后，锻炼者是可以达到一般的远期目标的，如提高心肺功能，使其达到优秀的等级，或达到降血脂、防治高血压和冠心病的目的等。

运动负荷

运动负荷即运动量。怎样控制运动量，合适的运动时间是多少等，一直是人们争论不休的问题。但有一点是可以肯定的，那就是任何有关身体活动的意见和建议，都需要综合考虑锻炼者的身体状况和所要达到的目标，并以此为依据来制订科学的身体锻炼计划。

 **运动强度**

运动过程中，运动强度过小，达不到锻炼的效果；运动强度过大，不仅达不到最佳的锻炼效果，还可能产生一些副作用，甚至出现意外事故。确定运动强度有两种方法。

心率简易推测法

（1）年龄在 20 岁左右的年轻人，身体健康，能坚持体育锻炼，欲进一步提高身体机能，可取最大心率值（最大心率值=220−年龄）的 65%～85%。

（2）年龄在 45 岁以下，身体基本健康，有运动习惯者，开始进行健身锻炼，可取最大心率值的 65%～80%，没有运动习惯者，开始进行健身锻炼，可取最大心率值的 60%～75%。

（3）年龄在 45 岁以上，身体基本健康，有运动习惯者，开始进行健身锻炼，可取最大心率值的 60%～75%，没有运动习惯者，建议根据自身情况咨询专业人员来指导和确定运动强度。

主观感觉疲劳分级表推测法　见表 2-1-2

运动的疲劳程度大致分为 10 级，具体为：0～1 级，没感觉；2～3 级，尚轻松；4～5 级，稍累；6～7 级，累；8～9 级，很累；10 级，精疲力竭。因此，健身锻炼的运动强度应控制在主观感觉疲劳程度的 4～7 级。

 表 2-1-2　主观感觉疲劳分级表

0 轻松	•	2 尚轻松	•	4 稍累	•	6 累	•	8 很累	•	10 精疲力竭

运动频率是指每日及每周锻炼的次数。一般每周锻炼 3~4 次，即隔日锻炼 1 次即可。有充足的休息时间，可使身体得到充分的休息，收到更好的锻炼效果。

运动持续时间

运动强度和运动持续时间，决定了一次锻炼的运动量和热量消耗。运动持续时间与运动强度成反比，运动强度大，运动持续时间可相应缩短，运动强度小，则运动持续时间应相应延长。

一般的健身锻炼，运动持续时间以每天 20~60 分钟为宜，其中包括准备活动时间、健身锻炼时间和整理活动时间。每次健身锻炼应在 20 分钟以上，锻炼可一次性完成，也可分段进行，但每段的活动时间应在 10 分钟以上。

第二节
运动价值

运动价值一直是人们探讨的问题，一般认为运动具有两方面的价值，即健身价值和心理价值。身体和精神的健康是相互依存的，伴随着身体功能的改善，精神状况逐渐也能同时得到改善。

健身价值

健身价值在于提高体适能。体适能包括心肺耐力素质、肌肉力量素质、柔韧性素质和身体成分等。体适能的发展是积极从事锻炼的结果，只有规律性的体育锻炼才能达到最佳的体适能。

提高心肺耐力素质

心肺耐力是指全身肌肉进行长时间运动的持久能力，是体内心肺系统对身体各细胞的供氧能力。人体的心脏、肺、血管、血液等组织的功能是心肺耐力的基础，它们与氧气和营养物质的输送以及代谢物的清除有关。健全的心肺功能是健康的基本保证。

系统的体育锻炼，可以使心肌增厚，收缩力加强，心室容积增大，从而使心脏的泵血功能增强，表现为心血输出量增加。

系统的体育锻炼，呼吸系统机能也将得到提高，表现为呼吸肌的力量增强，肺活量、肺通气量明显增加，保证对机体供氧的能力。

系统的体育锻炼，可以促进血管系统的形态、机能和调节能力产生良好的适应力，从而提高机体的工作能力。

系统的体育锻炼，可以使血液系统产生某些适应性变化，如血容量增加、血黏度下降、红细胞膜弹性增强和红细胞变形能力增强等。

 提高肌肉力量素质

肌肉力量是指肌肉最大收缩产生的对抗阻力或负荷的能力。肌肉力量只有达到一定的程度，才能克服外界阻力，而克服外界阻力是维持日常生活自理、从事各种劳动和运动的必要前提。

系统的体育锻炼，可以提高肌肉的生理横断面积，可以改善神经系统对肌肉收缩的支配功能，还可以提高肌肉内代谢物质的储备量，使肌肉力量得到提高。

 提高柔韧性素质

柔韧性是指人体各关节的活动幅度，即关节的肌肉、肌腱和韧带等软组织的伸展能力。柔韧性对于保证正常生活质量、维持正常体态、预防损伤发生和减轻损伤程度等方面均起到至关重要的作用。

系统的体育锻炼，还可以延缓因年龄因素而导致的柔韧性下降，预防因缺乏运动而导致的关节结构、周围软组织和膝关节肌肉退化，从而使锻炼者

运动价值

的日常生活、劳动和运动等更加充满活力。

身体成分是指人体体重中的脂肪组织和去脂组织的重量百分比。身体成分中的脂肪成分增加，肌肉成分必然下降。身体中不具备收缩功能的脂肪组织增加，必然导致身体进行各种活动的能力下降，基础代谢水平降低，肥胖症、冠心病、高血压、糖尿病、高血脂等慢性疾病发病率的提高。因此，身体成分是保证人体健康的重要内容之一。

通过系统的体育锻炼，随着锻炼者体质的增强，热量消耗便随之增加，进而燃烧掉体内多余的脂肪，使身体成分得到改善。而身体成分的改善，又可以减少体重对关节可能带来的不利影响，还可以使肥胖者的心理状况得到改善，增强其自信心，使其逐步建立起健康的生活方式。

研究证明，有规律的体育锻炼不但可以使锻炼者增强体质、促进身体健康、预防一些慢性疾病，还可以提高锻炼者的生活满意度和生活质量，对其心理健康产生积极影响。

体育锻炼的心理健康效应主要表现在六个方面：

改善情绪状态

短期效应

研究发现，体育锻炼对人的情绪状态具有显著的短期效应。运动后人们的焦虑、抑郁、紧张和心理紊乱等症状会明显减轻，而精力和愉快程度则会明显增强。而且这种情绪的迅速变化，与锻炼者个体的健康状况、活动形式和活动强度等有着直接的联系。

长期效应

体育锻炼对人情绪的长期效应有着直接的影响，与不锻炼者相比，有规律的锻炼者在较长时期内很少会产生焦虑、抑郁、紧张和心理紊乱等情绪。

运动保健

 **完善个性行为特征** 见表 2-2-1

人们的行为特征一般可以分为两种类型，用 A 型行为特征和 B 型行为特征来表示。A 型行为特征主要表现为性情急躁、争强好胜、容易激动、整天忙碌和做事效率高等。B 型行为特征主要表现为不好竞争、不易紧张、不赶时间、对人随和、喜欢自由自在等。具有 A 型行为特征的人由于过度紧张的情绪反应，会引起内分泌失调，增加心脏病发病的概率。目前的一些研究主要集中在体育锻炼对改变 A 型行为特征的作用方面。研究结果表明，有规律的体育锻炼能明显改变 A 型行为特征。

 表 **2-2-1** A、B型个性行为特征常见表现

A 型行为特征者常见表现	B 型行为特征者常见表现
约会从来不迟到	对约会很随便
竞争意识很强	竞争意识不强
别人要讲话时总爱抢先或插话	是别人讲话时很好的听众
总是匆匆忙忙	即使有压力也从不匆忙
等待时缺乏耐心	能够耐心等待
干事时全力以赴	处事漫不经心
同时想干很多事	在一段时间里只干一件事情
讲话喜欢用加强语气，甚至敲桌子	讲话语速缓慢、不慌不忙
做了好事希望能得到别人的认可	只要自己满意即可，不管别人怎样想
吃饭、走路都很快	做事情很慢
不善与人相处	为人随和
容易暴露自己的感情	能控制自己的感情
具有广泛的兴趣	没什么业余爱好
雄心壮志	满足于目前的工作和学习状况

 确立良好自我概念

自我概念是指个体对自己身体、思想和情感的主观整体评价，它由许多自我认识组成，包括我是什么人、我主张什么和我喜欢什么等。

坚持体育锻炼，可以使锻炼者体格强健、精力充沛、提高驾驭身体的能力，从而改善对自身的满意程度，确立良好的自我概念。

015

 改变睡眠模式

根据脑电图的显示，人的睡眠可以分为两种状态，即慢波睡眠状态和快波睡眠状态。前者为浅度睡眠状态，后者为深度睡眠状态。一夜之间两种睡眠状态会交替发生 4～5 次。

有规律的体育锻炼不仅对慢波睡眠有促进作用，而且能缩短入眠的潜伏期，并延长睡眠的时间。

 改善认知能力

体育锻炼还能改善人的认知过程，避免反应时间过长、注意力不集中和思维混乱等症状的发生，尤其对老年人的认知能力改善效果更为明显。

 增加心理治疗效应

体育锻炼被公认为是一种心理治疗的好方法。目前人群中常见的心理疾患是抑郁症和焦虑症。研究发现，体育锻炼是治疗抑郁症的有效手段之一，抑郁症患者经过有规律的体育锻炼，抑郁症状能明显减轻。

体育锻炼还具有治疗焦虑症的作用，通过有规律的体育锻炼，可以使锻炼者的焦虑症状明显改善。

第三节

运动保护

在运动过程中，人体机能会随时发生变化。因此，应针对这种机能变化的特点来进行体育锻炼，也就是我们所说的运动保护。运动保护一般包括运动前准备、运动后放松和自我养护三个方面。

 **运动前准备**

准备活动是指在正式运动之前进行的有目的的身体练习。做好充分的

运动保健

准备活动，可以缩短机体进入最佳状态的时间，同时还可以预防运动损伤的发生，为机体发挥最大的工作效率做好功能上的准备。

 准备活动的作用

提高中枢神经系统兴奋状态

(1)使大脑反应速度加快，参加活动的运动中枢神经相互协调。

(2)为正式运动时生理机能达到适宜程度提前做好准备。

提高机体代谢水平

(1)准备活动可以使锻炼者体温升高，降低肌肉黏滞性，使肌肉的伸展性、柔韧性和弹性增强，从而有效预防运动损伤的发生。

(2)准备活动可以增强体内代谢酶的活性，使物质代谢水平提高，以保证运动时有较充分的能量供应。

克服内脏器官生理惰性

(1)准备活动可以提高心血管系统和呼吸系统的机能水平，使肺通气量及心血输出量增加。

(2)可以使心肌和骨骼肌的毛细血管扩张，使其工作肌获得更多的氧，从而克服内脏器官的生理惰性，使之尽快达到最佳状态。

增加皮肤毛细血管的血流量

准备活动可以使皮肤毛细血管的血流量增加，运动后毛细血管扩张，有利于散热，降低体温，有效防止开始正式活动时由于体温过高而影响运动能力。

 准备活动要求

准备活动时间

(1)准备活动的时间可以根据运动项目的具体情况确定，一般以10～30分钟为宜。

(2)准备活动与正式运动的间隔时间，一般以不超过15分钟为宜，可以在做完准备活动后立刻进行正式运动。

运动保护

（1）准备活动的强度和量应较正式运动小，以免引起不必要的疲劳。

（2）准备活动的量可以由心率来决定，心率以100～120次／分为宜。

准备活动内容

一般性准备活动

一般性准备活动的内容多以伸展运动开始，然后进行一般性的跑步、徒手体操等活动。

下面介绍一套常用的一般性准备活动操，供锻炼者运动前使用。这套活动操主要包括头部运动、肩部运动、扩胸运动、体侧运动、体转运动、髋部运动和踢腿运动等。

头部运动

头部运动的动作方法（见图2-3-1）：两手叉腰，两脚左右开立，做头部向前、向后、向左、向右，以及绕环运动。

图2-3-1

肩部运动

肩部运动的动作方法（见图 2-3-2）：手扶肩部，屈臂向前、向后绕环，以及直臂绕环。

扩胸运动

扩胸运动的动作方法（见图 2-3-3）：屈臂向后振动及直臂向后振动。

体侧运动

体侧运动的动作方法（见图 2-3-4）：两脚左右开立，一手叉腰，另一臂上举，并随上体向对侧振动。

体转运动

体转运动的动作方法（见图 2-3-5）：两脚左右开立，两臂体前屈，身体向左、向右有节奏地扭转。

髋部运动

髋部运动的动作方法（见图 2-3-6）：两脚左右开立，两手叉腰，髋关节放松，向左、向右 360 度旋转。

图 2-3-2

图 2-3-3

踢腿运动

踢腿运动的动作方法（见图 2-3-7）：两臂上举后振，同时一腿向后半步，重心置于前腿，两臂下摆后振，同时向前上方踢腿。

运动保健

图 2-3-4

图 2-3-5

图 2-3-6

图 2-3-7

 专门性准备活动

专门性准备活动的动作方法、节奏和强度等与正式锻炼相似，目的是使人体主要肌群在运动前得到动员，为正式锻炼做好准备。

运动后放松

运动后放松是指运动之后所进行的一些能够加速机体功能恢复的、较轻松的身体活动。与运动前准备活动相反，其目的是使锻炼者的生理机能水平逐步得到恢复。

 放松方法

运动性手段

（1）运动结束后，锻炼者可采用变换运动部位的方法来消除疲劳，如上肢出现疲劳时可做一些慢跑运动，下肢出现疲劳时可做一些上肢运动。

（2）转换运动类型也是一种不错的放松方法，如打羽毛球出现疲劳时，可从事瑜伽运动来达到放松的目的。

（3）还可以用调整运动强度的方法来缓解疲劳，如可以在放松过程中，采用小强度的轻微运动方法等。

整理活动　见图 2-3-8

（1）整理活动是指运动后所做的一些能够加速机体功能恢复的身体活动，如剧烈运动后进行 3～5 分钟慢跑或其他整理活动，使身体机能得以恢复。

（2）剧烈运动后如不做整理活动而骤然停止动作，会影响氧气的补充和静脉血的回流，使机体血压降低，引起不良反应。

图 2-3-8

（1）在进行整理活动时动作应缓慢、放松，运动量不要过大，否则会引起新的疲劳。

（2）在进行整理活动时，应当保持心情舒畅、精神愉快。

锻炼后，锻炼者感觉身体疲劳是一种正常的生理现象，是体育锻炼过程中的正常反应，随着体育锻炼时间的延长，疲劳症状会自然消失。运动性疲劳出现后，锻炼者如果采用一些自我养护措施，可以加速身体机能的恢复，尽快消除疲劳，提高锻炼效果。常见的自我养护方法主要包括运动后休息、合理营养和物理手段等三种。

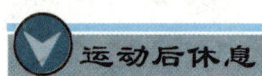

静止性休息 见图 2-3-9

（1）静止性休息是指锻炼者运动后保持机体相对的静止状态，以促进身体机能的恢复，尽快消除疲劳。

（2）静止性休息的最佳方式之一是睡眠，特别是刚开始从事锻炼者，身体不适应或疲劳症状明显时，更应该保证足够的睡眠，否则，锻炼者虽然积极参加了体育锻炼，但收效甚微，甚至会导致过度疲劳症状的发生。

（3）静止性休息更适合于消除全身运动导致的整体疲劳症状。

图2-3-9

积极性休息 见图2-3-10

（1）积极性休息更适合由于少量肌肉群参与工作而导致的局部疲劳，或运动强度较大而导致的快速疲劳。

（2）积极性休息可以加速血液循环，有利于代谢物排出体外，对促进身体机能的恢复具有明显的效果。

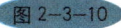

图2-3-10

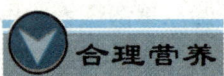见图 2-3-11

小强度、长时间的运动形式，主要是靠糖原的有氧代谢提供能量。运动后应及时补充淀粉类食物，如面粉、大米等，以促进消耗糖原的合成。随着人民生活水平的提高，在饮食结构中，肉类食品的比重不断增加，而淀粉类食品的比重逐渐减少，这一现象应当引起人们的注意，特别是老年人参加体育锻炼，更应注意对淀粉类食物的补充。

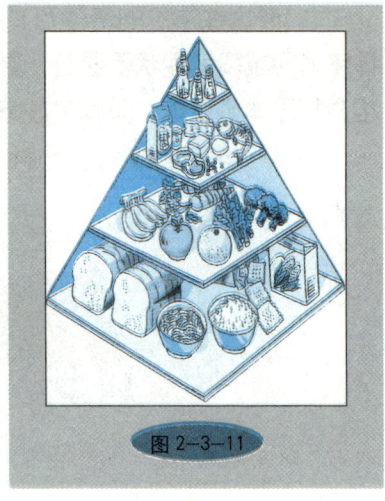

图 2-3-11

强度较大、时间又相对较长的运动形式，主要是靠糖原的无氧代谢提供能量。这样，糖原无氧代谢产物——乳酸便会在体内大量堆积。因此，运动后应多补充蔬菜、水果等碱性食品，以加速乳酸的清除，达到尽快消除疲劳的目的。

物理手段

见图 2-3-12

（1）通过刺激神经末梢、皮肤结缔组织和毛细血管的按摩方法，可以使紧张的肌肉得以放松，从而改善局部组织和全身的血液循环，达到促进身体机能恢复的目的，这种方法可以在锻炼后马上进行。

（2）此外，还可以采取缓慢牵拉肌肉的方法，使收缩的肌肉得到充分的伸展放松。

水疗及电疗

（1）水疗包括芬兰式蒸汽浴、热水浴和桑拿浴等多种形式，主要作用是通过提高体温，促进血液循环，清除代谢物，以达到尽快消除疲劳、恢复体力的目的。

（2）水疗的时间一般以不超过 30 分钟为宜，如果时间过长，会进一步消耗体力，严重时甚至会出现暂时性脑缺血现象。

(3)如果条件允许，还可对疲劳的肌肉进行低频治疗。低频治疗仪的原理是模拟针灸疗法，使用时将电极用不干胶对称地粘贴在运动部位表皮上。这种疗法可以促进局部血液循环，改善组织代谢，缓解肌肉酸痛，消除疲劳。

图2-3-12

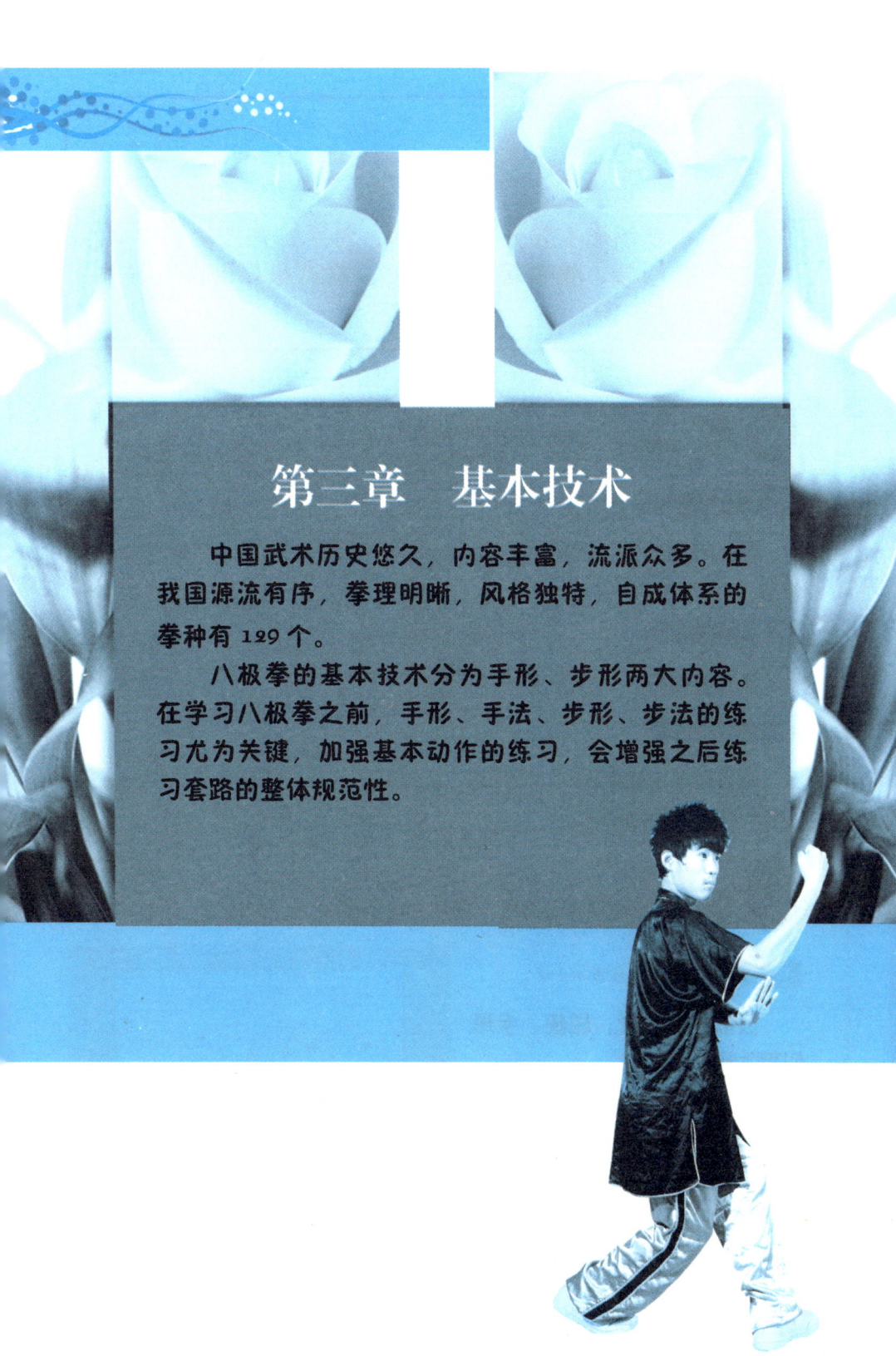

第三章　基本技术

中国武术历史悠久，内容丰富，流派众多。在我国源流有序，拳理明晰，风格独特，自成体系的拳种有 129 个。

八极拳的基本技术分为手形、步形两大内容。在学习八极拳之前，手形、手法、步形、步法的练习尤为关键，加强基本动作的练习，会增强之后练习套路的整体规范性。

第一节
手形

　　八极拳手形主要分为拳、掌、勾手、龙爪掌、叉掌、锁喉、空心拳、锥拳等八种手形，在八极拳套路与技击时应用比较广泛。

 拳 ◆◆◆◆◆◆◆

动作方法 见图 3-1-1

　　五指卷屈握拳，拇指压食指、中指。

技术要点

　　拳面要握平。

错误纠正

　　练习握拳太死。因此，应力达于拳，而不能手指用力。

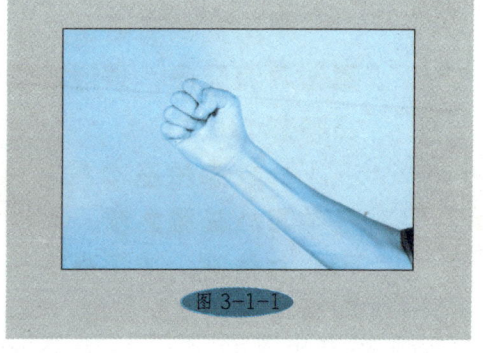

图 3-1-1

 掌 ◆◆◆◆◆◆◆

动作方法 见图 3-1-2

　　五指自然伸开，屈腕，手形似荷叶状。

技术要点

　　自然放松，力于掌心。

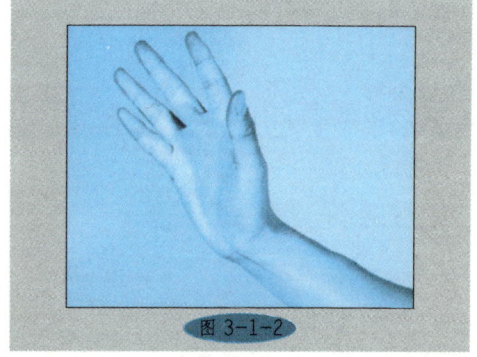

图 3-1-2

五指并拢。因此，应注意五指要自然分开，并力贯于掌。

动作方法 见图3-1-3

五指捏拢，腕部弯曲。

技术要点

拇指尖压于食指、中指之间。

错误纠正

拇指捏散。因此，应注意拇指要扣紧。

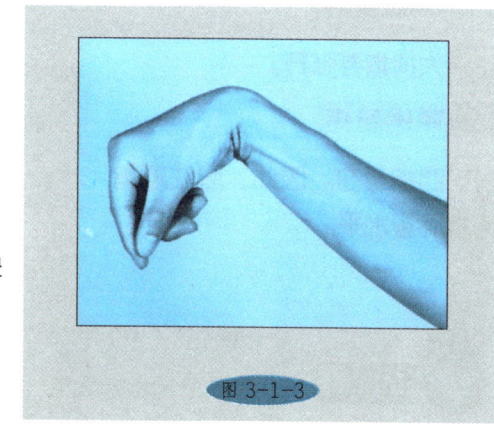

图 3-1-3

动作方法 见图3-1-4

五指分开，拇指弯曲，但不得屈拢。

技术要点

其余四指第二、第三节指骨弯曲上挑。

错误纠正

指骨屈拢。因此，注意指骨应弯曲上挑。

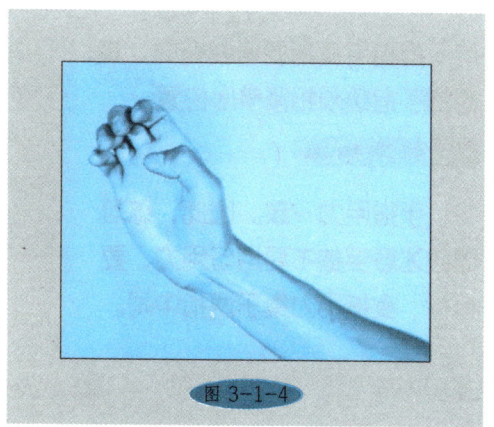

图 3-1-4

叉掌

动作方法 见图 3-1-5

拇指张开，其余四指并拢伸直。

技术要点

大拇指要张开。

错误纠正

四指弯曲。因此，应注意指与掌尽量水平。

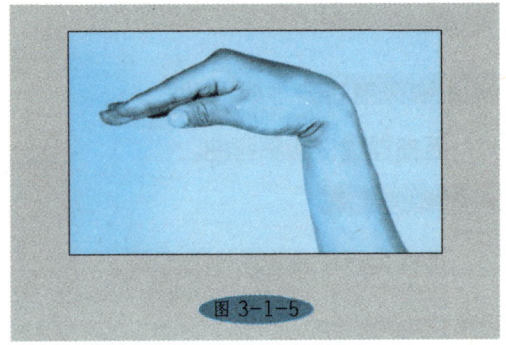

图 3-1-5

锁喉

动作方法 见图 3-1-6

拇指、食指张开弯曲，其余三指屈拢。

技术要点

拇指与食指要弯曲有力，其他的手指必须扣紧拳心位置。

错误纠正

手指用力一致。因此，练习时应注意手指不要均匀用力，要拇指、食指用力集于两指中间。

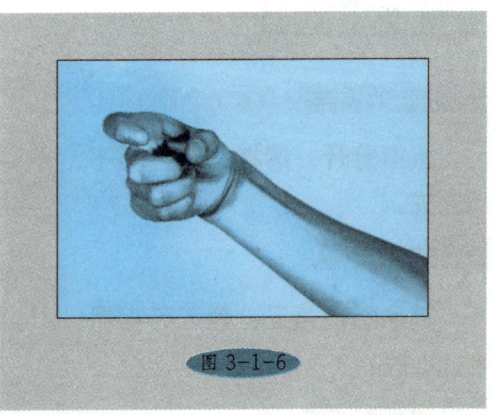

图 3-1-6

 空心拳

❋ 动作方法 见图 3-1-7

拇指屈拢压食指,其余四指弯曲第二、第三指骨,四指第二节指骨竖向一字排列,手掌空心。

❋ 技术要点

四指第二节指骨竖向一字排列时,要注意不要有平面出现。

❋ 错误纠正

手指握成拳。因此,应注意不要握成拳,注意拇指压食指要紧,力量集中在食指指节处。

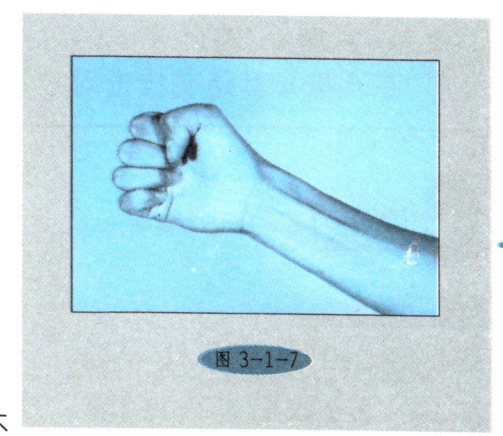

图 3-1-7

 锥拳

❋ 动作方法 见图 3-1-8

拇指屈拢,第一指骨压于食指第一指骨,食指二、三指骨弯曲凸出,其余三指屈拢。

❋ 技术要点

食指二、三指骨弯曲凸出。

❋ 错误纠正

练习时屈拢手指突出。因此,应注意手指要屈拢内收。

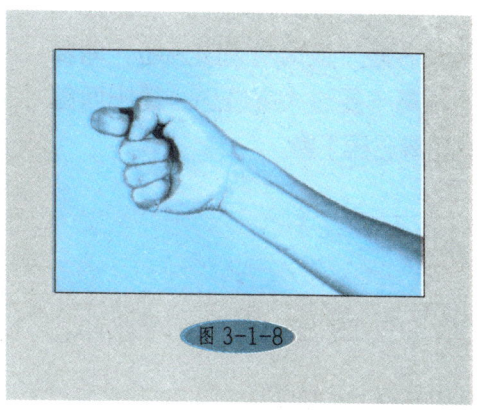

图 3-1-8

第二节
步形

　　八极拳步形主要分为马步、弓步、虚步、仆步、歇步、盘步、独立步、跪膝步、丁步、并步和半马步等十一种步形,在八极拳套路与技击时应用比较广泛。

动作方法 见图 3-2-1

　　双脚分开,内距约 2.5 个脚掌的长度,脚尖略内扣,屈膝下蹲,大腿略高于水平。

技术要点

　　膝盖略内扣,与脚尖垂直于地面,重心落于两腿间。

错误纠正

　　脚尖外撇。因此,应注意脚尖不要外撇,强调两脚跟外蹬,两脚间距离不要过大或过小,量出两脚间距离后再下蹲。

图 3-2-1

 弓步

动作方法 见图 3-2-2

两脚分开，内距约 3 个脚长度，前脚尖向前，略里扣，前腿屈膝下蹲，膝盖与脚尖垂直地面。

技术要点

后腿伸直，脚尖里扣，脚跟不得离地。

错误纠正

后腿屈膝。因此，应注意要挺膝和用力后蹬，头要上顶，注意沉髋。

图 3-2-2

虚步

动作方法 见图 3-2-3

屈膝半蹲，全脚踏地，两腿虚实要分明。

技术要点

全脚踏地支撑身体，一腿较另一腿膝略屈。

图 3-2-3

错误纠正

两腿虚实不明。因此，注意重心应在支撑腿上，单腿屈蹲或双腿负重屈蹲等练习可以帮助发展下肢力量，有助于完成此动作。

仆步

动作方法 见图 3-2-4

双脚叉开，一腿全蹲支撑身体，另一腿挺直。

技术要点

双脚踏地，脚尖里扣。

错误纠正

双脚没完全踏地。因此，应注意脚外侧不能掀起，平仆腿要直，脚尖上跷外展，全蹲腿的脚跟不要提起。

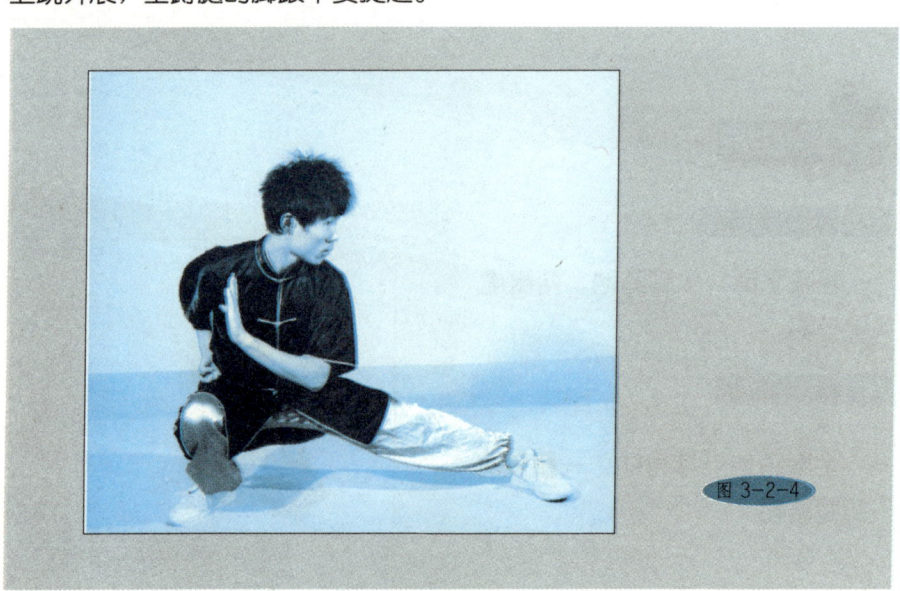

图 3-2-4

歇步

动作方法 见图 3-2-5

两腿交叉，屈膝下蹲，一脚
踏地，脚尖外摆。

技术要点

重心要压低，重心腿脚尖向
内扣。

错误纠正

后腿外撇。因此，应注意后
腿要贴紧前腿外侧，加强膝与踝
关节柔韧性的练习。

图 3-2-5

盘步

动作方法 见图 3-2-6

两腿交叉下蹲，前脚着地，
后脚脚跟提起，上身立直。

技术要点

双臂交叉，两臂夹紧，后脚
脚跟提起，头向右看。

错误纠正

后腿外撇。因此，应注意后腿
贴紧前腿外侧，两腿要交叉同时下
蹲，后脚脚跟要提起。

图 3-2-6

独立步

动作方法 见图 3-2-7

一脚支撑站立，另一腿屈膝向前胸提起，脚尖向内，身体立直。

技术要点

平衡站稳，提膝过腰，脚内扣。

错误纠正

抬腿过低或脚尖上跷。因此，应强调屈膝，支撑脚里扣，腿绷直。

图 3-2-7

跪膝步

动作方法 见图 3-2-8

一脚屈膝下蹲，另一腿屈膝跪地，跪点落于屈腿脚心里侧。

图 3-2-8

后腿屈膝跪地，跪点落于屈腿脚心里侧。

后腿屈膝角度过大或过小。因此，应注意脚尖要向前，与屈膝呈90度。

一腿略屈下蹲，脚掌踏地，另一腿屈膝并立，脚尖点地置于另一脚心内侧。

两膝弯曲，一脚脚掌着地，另一脚脚尖着地。

重心掌握不好。因此，应注意两腿虚实要分明，重心在支撑腿上，单腿屈蹲或双腿负重屈蹲等练习可以帮助发展下肢力量，有助于完成此动作。

图 3-2-9

并步

动作方法 见图 3-2-10

两脚并拢屈膝下蹲，大腿高于水平，上身直立。

技术要点

屈膝下蹲，身体直立。

错误纠正

两腿之间有间隙。因此，应注意两腿要并拢夹紧，上身正直。

图 3-2-10

半马步

动作方法 见图 3-2-11

两脚分开，内距约 2.5 个脚掌的长度，前脚尖略外摆，后脚里扣，屈膝下蹲，体重分力前四后六，上身正直，含胸收腹沉肩敛臀。

图 3-2-11

技术要点

上身正直，屈膝下蹲，体重分力前四后六，含胸收腹沉肩敛臂。

错误纠正

脚尖外撇。因此，应强调两脚跟外蹬，两脚间距离不要过大或过小，量出两脚间距离后再下蹲。

步
形

第四章　高级竞赛规定套路

　　八极拳高级竞赛规定套路以八极拳初级、中级竞赛规定套路为基础，并吸收了其他八极拳传统套路的部分内容组合而成。该套路共分四段，由 69 个动作组成。演练时间在 1 分 10 秒至 1 分 20 秒之间。

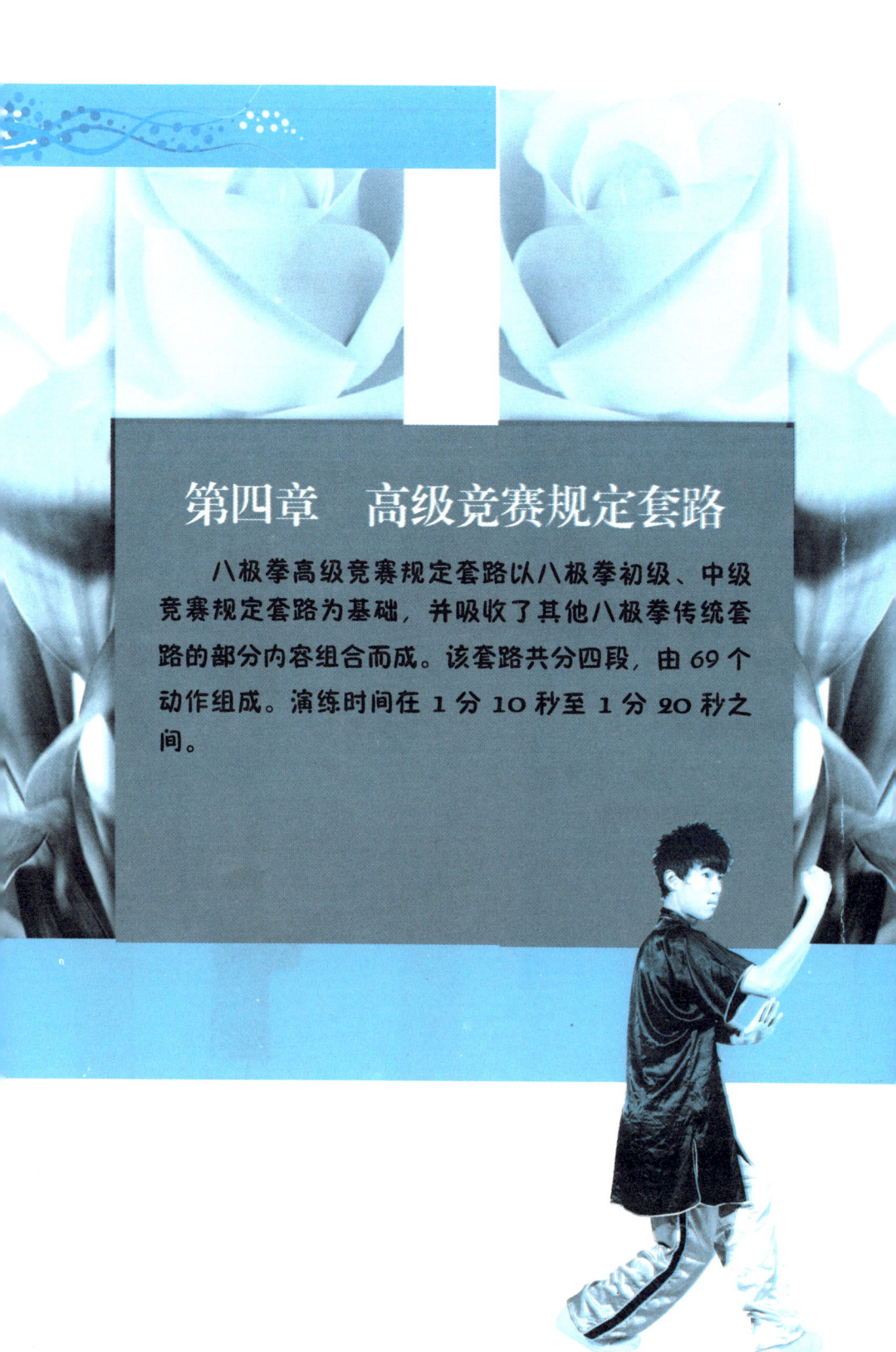

第一节

第一段

　　由起势、擢打顶肘、上步拉弓、左右拽打、转身掖拳、撩掌侧踹、反砸、弓步冲拳、虚步亮掌、单臂打开、双推掌和提膝亮掌等 12 个动作组成。

 起势

动作方法　见图 4-1-1

（1）呈立正姿势，双目平视；

（2）目视前方，左手握拳，右掌按于左拳虎口处，由胸前平推身伸直。

技术要点

　　立正，左手拳，右掌按于左拳，由胸前平推身伸直。

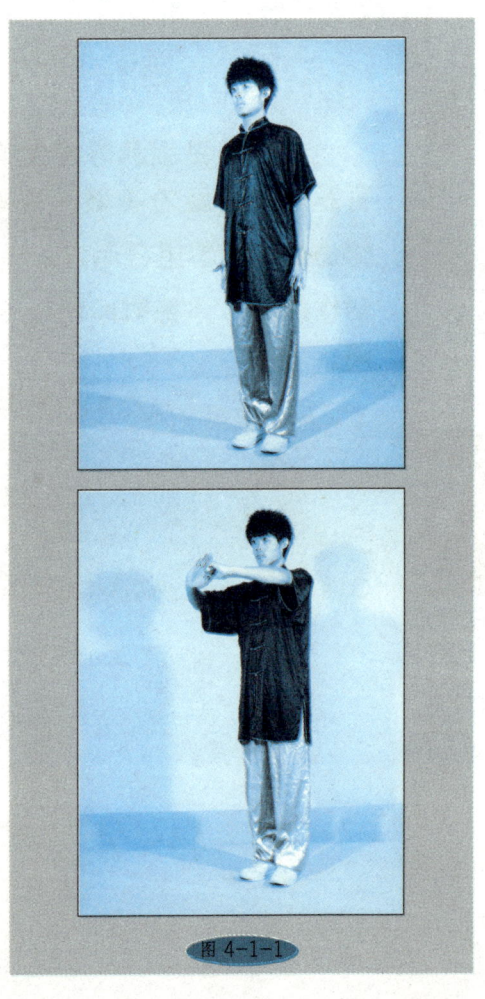

图 4-1-1

撼打顶肘

动作方法 见图 4-1-2

（1）左转体，右手变拳，上左脚，左拳抡臂变掌，右手跟上劈于胸前，左手配合挑立于右肩侧，上右脚的同时撼挑右臂；

（2）震右脚，右转体，上左脚，双脚蹍动呈马步，右臂屈肘变拳置于右肩上侧，左手伸直摆于身体左侧，拳眼向下略低于肩。

技术要点

（1）左手变拳，双脚蹍动呈马步后，左手伸直摆于身体左侧；

（2）左拳抡臂变掌，马步后右臂屈肘变拳置于右肩上侧。

图 4-1-2

上步拉弓

动作方法 见图 4-1-3

左手前劈，右手拉回置于右侧腰际，左拳配合平击出。

技术要点

左拳平击有力，右手迅速拉回。

图 4-1-3

左右拽打

动作方法 见图 4-1-4

(1)左脚启动，右脚跟提，上步，双脚蹍动，左转体呈马步，右臂横拽置于右前方，拳眼向左，左拳拉回置于左侧腰际；

(2)右转体呈右弓步，左拳横拽，右手拉回置于腰际。

技术要点

右臂横拽置于右前方发力，左拳拉回置于左侧腰际。

图 4-1-4

转身掭拳

 动作方法 见图 4-1-5

（1）左臂抡劈一周，提左膝，左转体，落左脚，跟右脚并步双跺；

（2）左臂屈肘由右耳跟沿前胸掭下，左手变掌举过头顶。

技术要点

（1）左转体时落左脚跟右脚并步双跺；

（2）左手变掌由右耳跟沿前胸掭下举过头顶。

 撩掌侧踹

动作方法 见图 4-1-6

迈左脚后展左臂，右脚侧踹，左掌前撩，掌心向上。

技术要点

后展左臂，右脚侧踹有力，前撩左掌。

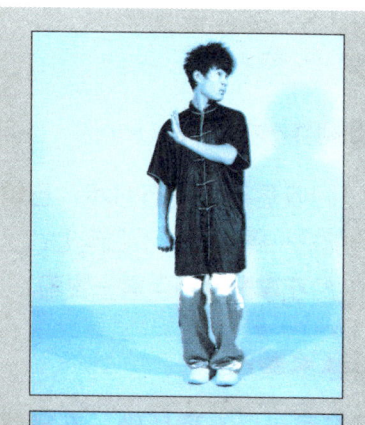

图 4-1-5

图 4-1-6

第一段

 反砸

动作方法 见图 4-1-7

(1)收落右脚呈右弓步，右臂沿胸前抡一周反砸，手心向上；

(2)左掌配合右手落于腹前。

技术要点

右弓步后右臂反砸，左掌落于腹前。

图 4-1-7

 弓步冲拳

动作方法 见图 4-1-8

拉右臂，左拳置于右肋间，击左拳，变右弓步，手心向下。

技术要点

拉回右臂后置于右肋间的左拳迅速击出。

图 4-1-8

虚步亮掌

重心后移呈右虚步，左手变掌，直臂反转，右手变掌于肋侧，手心向上。

技术要点

右虚步后左拳变掌直臂反转。

图 4-1-9

单臂打开

动作方法　见图 4-1-10

起动右脚向前跨出，蹾双足，左转体呈半马步，右拳撑出，左拳拉回置于左侧腰际，拳眼向下。

技术要点

由右虚步左转体呈半马步，右拳撑出。

图 4-1-10

第一段

双推掌

动作方法 见图 4-1-11

　　平托双掌，提右膝震右脚，双掌抽回置于腰际两侧，上左脚呈左弓步，双掌平推，目视前方。

技术要点

　　右虚步后左拳变掌直臂反转。

图 4-1-11

▼ 提膝亮掌

🌀 动作方法 见图 4-1-12

（1）左转体呈右弓步，右手摆置右后侧，左手撩于胸前。

（2）提左膝，撩右掌于头上方，左手后摆变勾置于左侧背后。

🌀 技术要点

（1）右手摆置右后侧，左手撩于胸前；

（2）左手后摆变勾置于左侧背后，目视左侧。

第一段

图 4-1-12

第二节

第二段

　　由翻身撩臂、左缠臂、右摆臂、右缠腕、上步撑掌、撤步推掌、虚步翻臂、弓步冲拳、戳脚提打、上步顶肘、跪膝、马步架掌、转身击步冲拳、闭肘、虚步合掌、马步冲拳和马步顶肘等 17 个动作组成。

 翻身撩臂

 **动作方法** 见图 4-2-1

　　（1）落左脚，震右脚，撤左腿，身体左转一周呈马步；

　　（2）右臂撩直于右前方，左掌回落于右腋前侧，目视右侧。

技术要点

　　右臂撩直于右前方，左掌回落于右腋前侧。

图 4-2-1

左缠臂

动作方法 见图 4-2-2

　　（1）起动右脚跟左脚，双足向前滑动，双手掌向前伸出下扒；

　　（2）提右膝右脚，上左脚，右

转体，双脚蹍动呈马步的同时，劈右臂，左臂里裹伸直与肩平，右臂后摆，掌心朝上举过头顶。

技术要点

（1）双足向前滑动，双手掌向前伸出下扒；

（2）劈右臂，左臂里裹伸直与肩平，右臂后摆，掌心朝上举过头顶，后摆变勾置于左侧背后，目视左侧。

右摆臂

动作方法 见图 4-2-3

同左缠臂左右颠倒。

技术要点

同左缠臂左右颠倒。

图 4-2-2

图 4-2-3

 **右缠腕**

动作方法 见图 4-2-4

（1）提右膝，右转体，左掌扶于右拳腕部，合于胸前；

（2）震右脚上左脚，右转体呈马步，左手变拳出，拳眼朝里，右手后拉置于腰际右侧。

技术要点

双手缠腕，合于胸前，拳眼朝里向外顶力，右手后拉置于腰际右侧握紧。

 上步撑掌

动作方法 见图 4-2-5

（1）起动左脚跟右脚，上步转体，双脚踮动呈马步；

（2）右手立掌平推，左掌后拉置于腰际。目视右掌。

技术要点

右手立掌平推，左掌后拉置于腰际，目视右掌。

高级竞赛规定套路

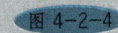
图 4-2-4

图 4-2-5

撤步推掌

🌀 **动作方法** 见图 4-2-6

(1)右转体，右掌反转撤于右
侧腰际，右手掌顺右臂下侧向前反
出；

(2)掌心朝上，横撤右脚呈左
弓步，右掌由腰际向斜前方推出，
左掌收于左侧腰际，掌心向下。

🌀 **技术要点**

左掌收于左侧腰际，左膝前
顶，右手掌顺右臂反出，掌心发力
向外推出。

 虚步翻臂

🌀 **动作方法** 见图 4-2-7

(1)右转体，左脚起动，双脚踮
动后呈虚步；

(2)右臂在胸前滚翻变拳，拳面
朝上，左手配合，立掌置于腹前。

🌀 **技术要点**

右臂在胸前滚翻变拳，拳面向
上。

图 4-2-6

图 4-2-7

第二段

 弓步冲拳

 动作方法　见图 4-2-8

起动右脚呈右弓步，左手变拳平击出，右手拉回置于右侧腰际。

技术要点

右手拉回置于右侧腰际。

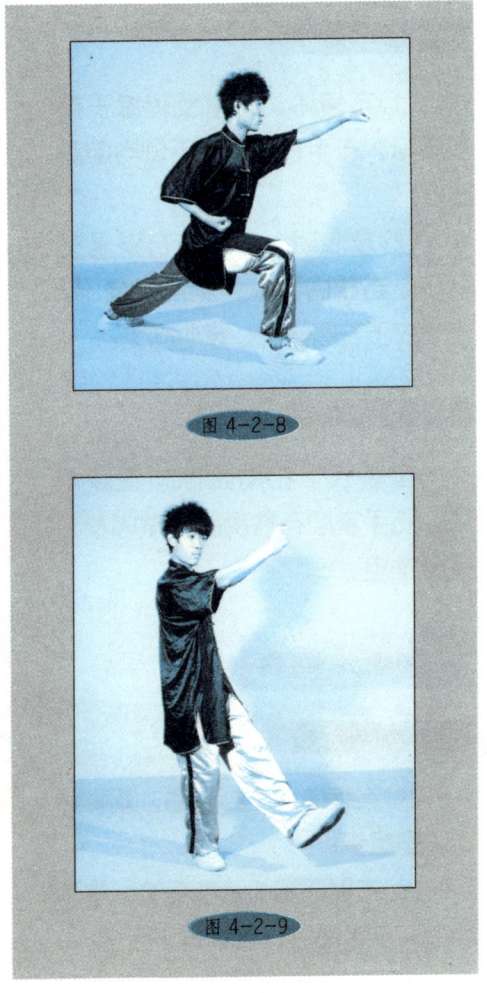

图 4-2-8

戳脚提打

动作方法　见图 4-2-9

提右膝，向前直冲右拳，左脚提戳，左手撩回置于左侧腰际。

技术要点

左手撩回置于左侧腰际。

图 4-2-9

上步顶肘

 **动作方法** 见图 4-2-10

（1）震右脚上左脚，右转体，双脚蹬呈马步；

（2）左臂弯屈，左拳置于左肩上侧，拳心朝上；

（3）右臂后摆伸直，略低于右肩。

技术要点

拳心朝上，右臂后摆伸直，拳眼向前。

跪膝

动作方法 见图 4-2-11

（1）右转体呈右弓步，横抱左肘于胸前，右手置于腰际；

（2）左转体，左手变掌撩过头顶，掌心朝上，左脚起动，右脚跟上呈跪膝步，右拳向前方击出，拳眼向上。

图 4-2-10

图 4-2-11

第二段

 马步架掌

✿ 动作方法 见图 4-2-12

（1）起身撤右脚，双脚互滑，右转体呈马步；

（2）右手变掌，双手由头前方分开，右手屈臂置于头上方，左手立掌。

✿ 技术要点

右手变掌，右手屈臂置于头上方，左手立住平推。

图 4-2-12

转身击步推掌

✿ 动作方法 见图 4-2-13

（1）横跨左脚，左转体，左臂随左脚直撩于胸前，右手落于腰际；

（2）起动左脚，上右脚，击步双跺，冲右掌于右侧上方，掌心朝前，抽左掌立于右肋侧。

❀ **技术要点**

　　左臂随左脚直撩于胸前，右手落于腰际，冲右掌于右侧上方，目视右手。

图 4-2-13

▼ **闭肘**

❀ **动作方法**　见图 4-2-14

　　（1）左转体，屈右臂横摆于胸前，左手由右臂内侧穿过变立掌，右臂右摆伸平，拳眼朝下，提左脚扣于右膝后侧，右腿弯曲，同时向右摆头；

　　（2）左脚左跨，双脚左滑呈马步，合双臂，右臂下垂贴于身体右侧，左手掌立于右胁前侧。

❀ **技术要点**

　　右臂下垂贴于身体右侧，左手掌立于右胁前侧。

图 4-2-14

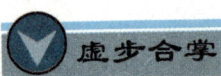 虚步合掌

🏵 **动作方法** 见图4-2-15

(1)左转体，右臂直抡，右转体呈右虚步；

(2)右手变掌，手背劈于右大腿前侧，左臂随之抡臂，掌心朝上置于胸前，提右臂，右掌于左掌合拍。

🏵 **技术要点**

左臂随之抡臂，掌心朝上置于胸前，提右臂。

图4-2-15

 马步冲拳

🏵 **动作方法** 见图4-2-16

(1)拉右手变拳，置于右侧腰际；

(2)上右脚，双脚蹍动呈马步；

(3)右拳冲击，拳眼朝上；

(4)左手变拳，拉回置于左侧腰际。

🏵 **技术要点**

上右脚，双脚蹍动呈马步，右拳冲击，左手变拳，拉回置于左侧腰际。

图4-2-16

马步顶肘

动作方法 见图4-2-17

（1）右脚起动，双脚蹍动；

（2）右臂屈肘，右拳置于右肩上侧，手心朝上；

（3）左手略后移，置于左胸下侧，拳眼朝里。

技术要点

左手略后移，置于左胸下侧，拳眼朝里。

图4-2-17

第三节

第三段

　　由撩掌戳脚、上步切掌、上步推掌、撤步推掌、跃步闭肘、右缠腕、撤步砸、跃步弹踢、弓步贯拳、虚步扑掌、弓步崩肘、上步反挎、虚步亮掌、双臂打开、虚步反挎、弓步臂挎等 16 个动作组成。

 撩掌戳脚

动作方法 见图 4-3-1

　　(1)左转体，起动左脚戳提右脚；

　　(2)右掌撩置胸前，掌心朝上，左手掌配合收回。

技术要点

　　左手掌配合收回立置于腹前。

图 4-3-1

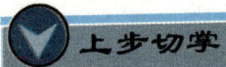 **上步切掌**

动作方法 见图 4-3-2

　　(1)震右脚，上左腿，双脚滑动呈马步；

　　(2)右掌向前切出，左掌切于左侧腰际。

技术要点

　　右掌向前切出，左掌切于左侧

图 4-3-2

腰间。

 **上步推掌**

动作方法 见图 4-3-3

（1）起动左脚，跟右脚上步，双脚蹬呈马步；

（2）右掌由腰际向前推出，左掌拉至左侧腰际。

技术要点

右掌由腰际向前推出，力量集中于腰间。

图 4-3-3

 撤步推掌

动作方法 见图 4-3-4

（1）右转体，右掌反转撤于右侧腰际，左掌顺右臂下侧向前反弹出，掌心朝上；

（2）横撤右腿呈左弓步，右掌由腰际向斜下方推出，左掌收于左侧腰际，掌心朝下。

技术要点

左掌收于左侧腰际，掌心朝下压，目视右手方向。

图 4-3-4

 跃步闭肘

 动作方法　见图4-3-5

(1)提左膝落脚跃步，双臂分开；

(2)落脚左滑呈马步，合双臂，右臂握拳下垂贴于身体右侧，左掌立于右腋前侧。

技术要点

提左膝落脚跃步；起跳时双臂分开。

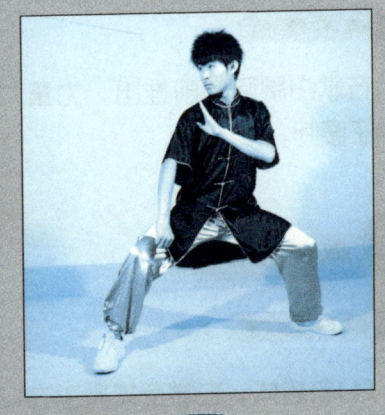

图4-3-5

右缠腕

 动作方法　见图4-3-6

(1)提右膝，右转体，左掌扶于右拳腕部，合于胸前；

(2)震右脚上左脚，左转体呈马步，左掌向左撑出，掌心朝前，右手后拉置腰际右侧。

技术要点

左掌扶于右拳腕部，重心下沉。

图 4-3-6

撤步砸

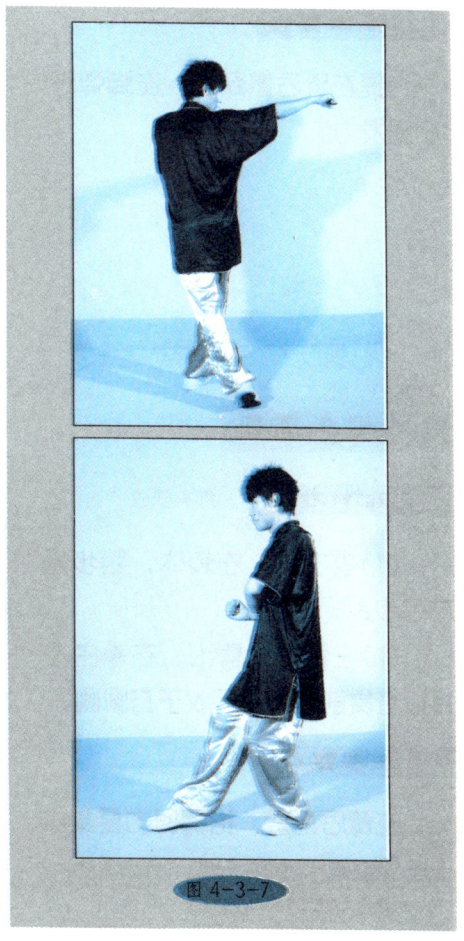

图 4-3-7

动作方法 见图 4-3-7

（1）撤左脚套于右脚后，双手变拳后悠；

（2）左转体，左手变掌，右手抡砸于右膝上侧，拳眼朝上，左手托负于右前臂里侧，呈虚步。

技术要点

撤左脚套于右脚后，双手变拳。

跃步弹踢

🔷 **动作方法** 见图4-3-8

（1）提右膝后撤跃起，左脚弹踢；

（2）左转体双脚落地蹲呈马步，双臂握拳撑开，左拳置于左膝前侧，拳眼朝里，右拳置于右肋间。

🔷 **技术要点**

提右膝后撤跃起，左脚弹踢，小腿发力。

弓步贯拳

🔷 **动作方法** 见图4-3-9

（1）收左脚，左转体，跨步呈左弓步；

（2）左臂后抡劈出，右拳由左耳根直贯前方，左手收于右腮侧。

🔷 **技术要点**

左臂后抡臂，抡臂时力量集中于拳面。

图 4-3-8

图 4-3-9

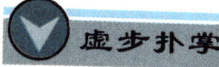

虚步扑掌

动作方法 见图 4-3-10

右转体呈左虚步，拉右手置于右侧腰际，掌心朝下。

技术要点

左手扑下置左膝上侧。

弓步崩肘

动作方法 见图 4-3-11

迈左脚呈左弓步，右臂屈肘崩于胸前，左掌平扶于右前臂外侧。

技术要点

右臂屈肘位于胸前，力量集中于右肘关节处。

图 4-3-10

图 4-3-11

 上步反挎

 动作方法 见图 4-3-12

（1）双手分开，右臂后抡，左臂下沉；

（2）上右脚呈虚步，右臂反挎。

技术要点

左手配合时应立置于右腋侧。

 虚步亮掌

动作方法 见图 4-3-13

坐胯呈右虚步，左掌直臂反转，右手变掌，手心朝上，置于右侧腰际。

技术要点

左掌直臂反转，步法呈高弓步。

图 4-3-12

图 4-3-13

双臂打开

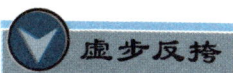 动作方法 见图4-3-14

右脚起动向前跨出，右转体呈马步，双掌前后推出。

技术要点

双掌前后推出，力点集中于双掌，向外推出。

虚步反挎

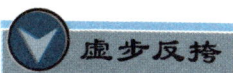 动作方法 见图4-3-15

（1）左脚起动，双脚后滑呈虚步；

（2）右臂反挎于胸前，左臂配合后撤，立掌置于右腋侧。

技术要点

右臂反挎于胸前，左臂配合后撤。

图4-3-14

图4-3-15

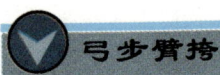
弓步臂挎

动作方法 见图 4-3-16

（1）左转体，右脚蹬动呈左弓步；

（2）右臂向下反摆，拳眼朝下；左臂配合拉于左腋侧。

技术要点

右臂向下反摆，拳眼朝下。

图 4-3-16

第四节

第四段

　　由提膝提肘、落步爬山、马步拦顶、震脚锁喉、虚步穿抱、歇步掖拳、马步扣肘、虚步推掌、左缠腕、马步推掌、提膝翻掌、提膝穿袖、勾手推掌、歇步劈抱、弓步反劈、马步手、弓步推掌、虚步亮掌、撤步推掌、轮臂盘打、戳踢、撤步顶肘、并步闭肘、收势共 24 个动作所组成。

提膝提肘

动作方法 见图 4-4-1

　　(1)起动左脚上右脚，提右膝；
　　(2)屈右臂，挑顶于胸前，拳眼朝左，左手立掌配合置于右肘左侧。

技术要点

　　屈右臂，挑顶于胸前，同时向上提气。

图 4-4-1

 **落步爬山**

高级竞赛规定套路

动作方法 见图 4-4-2

　　落右脚呈虚步，右拳变掌，向前扑下，左手配合置于胸前，掌心朝下。

技术要点

　　右拳变掌，向前扑下，步法移动要快。

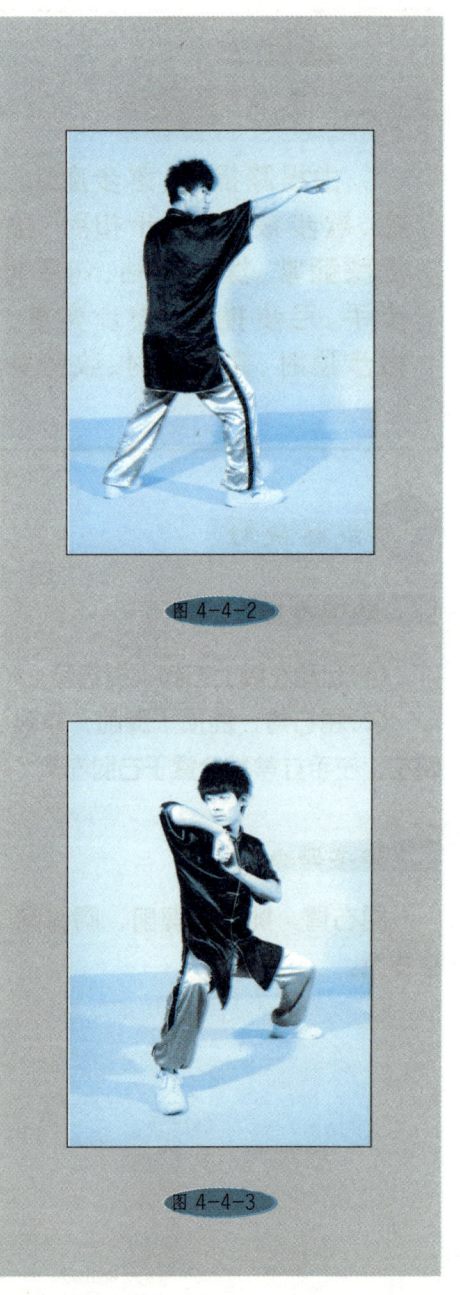

图 4-4-2

 马步拦顶

动作方法 见图 4-4-3

　　(1)左转体，右臂屈肘，右手变拳，左掌立扶右拳；

　　(2)起动右脚，右肘拦顶击出。

技术要点

　　起动右脚，双脚蹑动呈马步。

图 4-4-3

▼ 震脚锁喉

✿ 动作方法 见图 4-4-4

（1）右转体呈右虚步，右手变掌，双掌前摆，左臂前伸，掌心朝上，右手拉回置于左肩下侧；

（2）震右脚，上左脚呈左弓步，双掌横转外摆，右手锁喉，左手反掌置于头前。

✿ 技术要点

（1）右手变掌，双掌前摆，左臂前伸，掌心朝上，右手拉回置于左肩下侧；

（2）双掌横转外摆，右手锁喉，左手反掌置于头前。

▼ 虚步穿抱

✿ 动作方法 见图 4-4-5

（1）松臂下垂，起动左脚和右脚，滑步呈跟提步；

（2）右手变拳，于右肋间向前击出，手心朝上，左手配合抱于右臂肘侧。

✿ 技术要点

（1）起动左脚和右脚，滑步呈跟提步；

（2）右手变拳，于右肋间向前击出，手心朝上，左手配合抱于右臂肘侧。

图 4-4-4

图 4-4-5

 歇步掼拳

 **动作方法** 见图 4-4-6

（1）右脚提起，滑动右脚呈歇步；

（2）屈右臂，反转向前击出，手心朝上，左手拉回立置于左臂前侧。

技术要点

屈右臂，反转向前击出，手心朝上，左手拉回立置于左臂前侧。

图 4-4-6

马步扣肘

动作方法 见图 4-4-7

（1）上右脚，双脚滑动呈马步；

（2）右臂后摆，屈肘向右顶出，右拳平置于胸前，拳眼朝里，左臂向左伸开，拳眼朝下。

技术要点

右臂后摆，屈肘向右顶出，右拳平置于胸前，拳眼朝里，左臂向左伸开，拳眼朝下。

图 4-4-7

虚步推掌

 **动作方法** 见图 4-4-8

右转体呈右虚步，右手撩起，立掌于胸前，左臂伸直。

技术要点

右手撩起，立掌于胸前，左臂伸直。

图 4-4-8

左缠腕

动作方法 见图 4-4-9

(1)前悠左拳，右手搭左手腕，右转体，左脚向前戳提，震左脚，上右脚，左缠腕；

(2)左转体，双手拉于左侧腰际呈左弓步；

(3)右转体呈右弓步，左拳向右侧平击出，右手拉回于右侧腰际。

技术要点

(1)右转体，左脚向前戳提，震左脚，上右脚，左缠腕；

(2)双手拉于左侧腰际呈左弓步；

(3)左拳向右侧平击出，右手拉回于右侧腰际。

图 4-4-9

马步推掌

动作方法 见图 4-4-10

　　双脚蹍动呈马步，左转体；右掌平击出，左手变拳，拉回置于左侧腰际。

技术要点

　　右掌平击出，左手变拳，拉回置于左侧腰际。

图 4-4-10

提膝翻掌

动作方法 见图 4-4-11

提右膝，双手翻掌，掌心朝上。

技术要点

双手翻掌，掌心朝上。

图 4-4-11

提膝穿袖

动作方法 见图 4-4-12

（1）落右脚，上左脚，提左膝，左转体 180 度；

（2）左臂由右臂上侧向上穿起，掌心朝里；

（3）右手后拉置于右肋侧，掌心朝下，右摆头。

技术要点

左臂由右臂上侧向上穿起，掌心朝里，右手后拉置于右肋侧，掌心朝下，右摆头。

图 4-4-12

 勾手推掌

动作方法 见图4-4-13

（1）挂左脚，左转体呈左弓步；

（2）右手由腰际向前推出，左臂下垂反转变勾，平置于身体左侧，左摆头。

技术要点

右手由腰际向前推出，左臂下垂反转变勾，平置于身体左侧，左摆头。

图4-4-13

 歇步劈抱

动作方法 见图4-4-14

（1）起动左脚，左转体，右脚跟上呈歇步；

（2）双臂力向合抱，右掌劈于左肋下；

（3）左手变掌，撩抱于右耳根侧，掌心向外，左摆头。

技术要点

双臂力向合抱，右掌劈于左肋下；左手变掌，撩抱于右耳根侧，掌心向外，左摆头。

图4-4-14

弓步反劈

见图 4-4-15 **动作方法**

右转体呈右弓步，右臂右抡平置于胸前，身体后坐呈虚步，右手垂落于左肋侧，左掌向前平出击。

技术要点

右臂右抡平置于胸前，身体后坐呈虚步，右手垂落于左肋侧，左掌向前平出击。

图 4-4-15

马步手

见图 4-4-16 **动作方法**

（1）右脚起动，左转体，双腿蹲呈马步；

（2）右手勾手下垂向前推出，左手拉回于左肋侧。

技术要点

右手勾手下垂向前推出，左手拉回于左肋侧。

图 4-4-16

 弓步推掌

 动作方法 见图 4-4-17

右转体呈右弓步，左手立掌平
推出，右手拉回于右侧腰际。

技术要点

左手立掌平推出，右手拉回
于右侧腰际。

图 4-4-17

虚步亮掌

动作方法 见图 4-4-18

坐胯呈右虚步，双掌反转，
手心朝上。

技术要点

双掌反转，手心朝上。

图 4-4-18

撤步推掌

 动作方法 见图 4-4-19

撤右脚呈左弓步，右掌向前下方出击，左手掌拉回于左侧腰际。

技术要点

右掌向前下方出击，左手掌拉回于左侧腰际。

轮臂盘打

动作方法 见图 4-4-20

右臂后摆向前划弧一周，提右脚跟，左臂后摆，劈于右小腿里侧。

技术要点

提右脚跟，左臂后摆。

图 4-4-19

图 4-4-20

▼ 戳踢

 **动作方法** 见图4-4-21

右手立拳向前平击，左手收回
于胸前，右脚向前戳踢。

技术要点

右脚向前戳踢，力量集中脚跟。

图4-4-21

▼ 撤步顶肘

动作方法 见图4-4-22

（1）右脚后撤一步，右转体呈马
步；

（2）右臂顺势直摆于右侧，拳眼
朝下，左臂屈肘，掌心朝上。

技术要点

右臂顺势直摆于右侧，左拳于
肩胛处。

图4-4-22

高级竞赛规定套路

并步闭肘

动作方法 见图 4-4-23

（1）左脚后移，并步屈肘，左拳收回由手根沿前胸腋下；

（2）右手立掌置于左腋侧。

技术要点

左拳收回由手根沿前胸腋下，右手立掌置于左腋侧。

图 4-4-23

收势

动作方法 见图 4-4-24

（1）起身左转体 90 度，右脚跟上，身体立直；

（2）双手变掌，十字交叉合于胸前，双手分开，沿身体两侧掸一周落于小腹前，掌心朝下；

（3）身体立直，双手下垂。

技术要点

　　双手变掌，十字交叉合于胸前，身体立直，双手下垂。

图 4-4-24

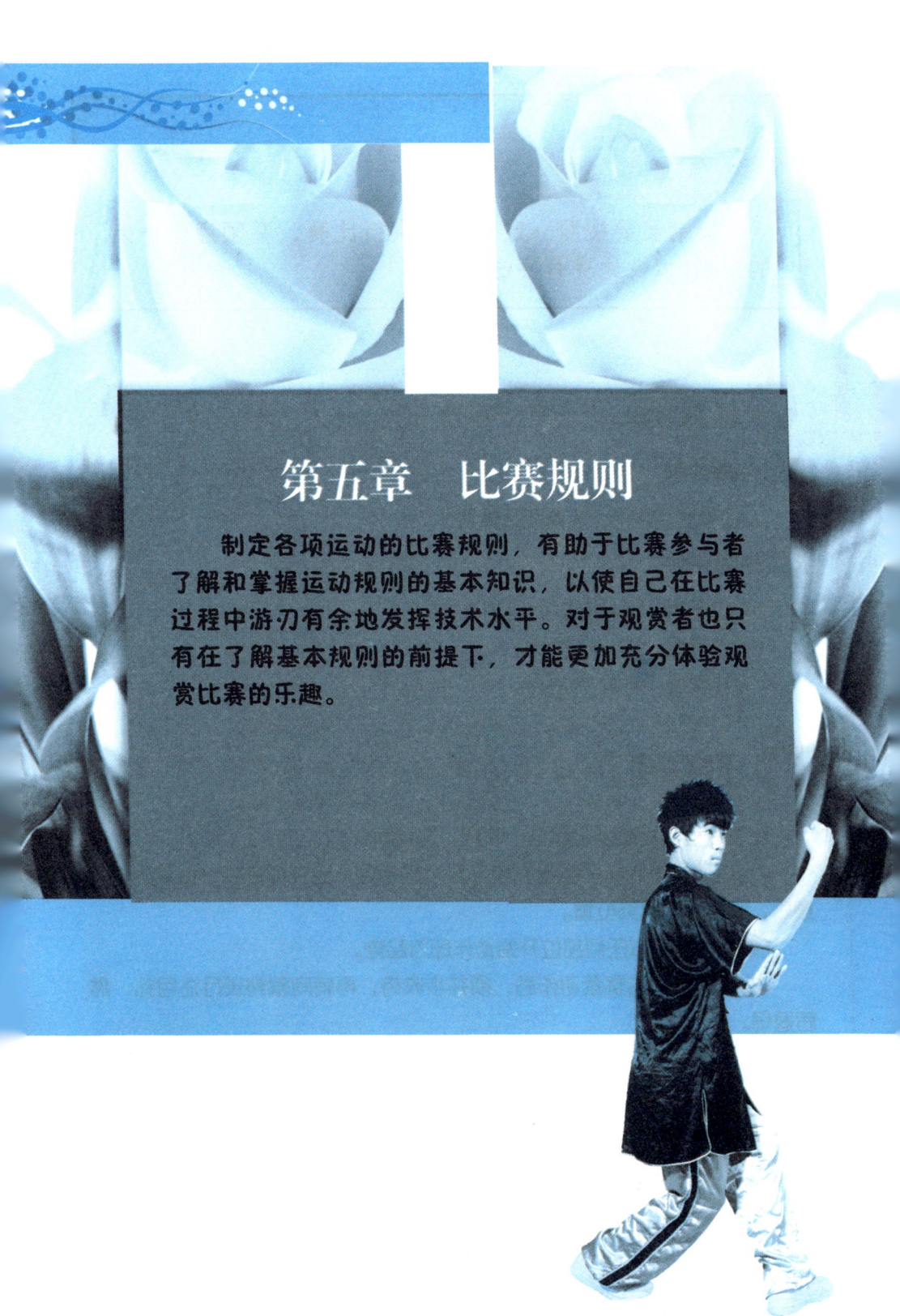

第五章　比赛规则

　　制定各项运动的比赛规则，有助于比赛参与者了解和掌握运动规则的基本知识，以使自己在比赛过程中游刃有余地发挥技术水平。对于观赏者也只有在了解基本规则的前提下，才能更加充分体验观赏比赛的乐趣。

第一节

比赛方法

　　运动员要按照一定的方法进行比赛，并须遵循一定的规则，以使比赛有序进行。

  比赛安排

比赛类型

八极拳比赛包括个人赛和团体赛。

年龄组别

(1)成年组：18周岁以上(含18周岁)。

(2)少年组：12~17周岁。

(3)儿童组：不满12周岁。

 比赛流程

比赛流程包括进场、起势、收势、退场等。

　　(1)运动员听到点名或看到电子显示姓名后，应立即进场，待裁判长示意后，即可走向起势位置。

　　(2)运动员身体任何部位开始动作即为起势。

　　(3)运动员完成整套动作后，须并步收势，再转向裁判长行注目礼，然后退场。

　　(4)运动员应在同侧场内完成相同方向(左右不得超过90度)的起势与收势。

　　(5)运动员听到上场比赛的点名和赛后示分时，应向裁判长行抱拳礼。

第二节

裁判方法

在比赛过程中,裁判人员通过履行其职责,进行正确的裁判工作,来保证比赛的公平、公正。

裁判人员

裁判人员包括裁判长和裁判员。其中,裁判员包括3~5名评判动作规格的裁判员和3~5名评判演练水平的裁判员。

评分

比赛满分为10分,其中动作规格分值为6.8分,演练水平分值3.0分,创新难度分值为0.2分。

裁判员评分

动作规格分

动作规格分满分为6.8分。裁判员根据运动员现场发挥的技术水平,按照动作规格要求,减去对该动作规格中出现的错误的扣分和其他扣分,即为运动员的动作规格分。

1.动作规格扣分

(1)凡手形、步形、身形、手法、步法、身法、腿法、跳跃和平衡与要求轻微不符者,每出现一次扣0.05分;与要求显著不符者,每出现一次扣0.1分;与要求严重不符者,每出现一次扣0.2分。一个动作出现多种错误时,最多扣分不得超过0.2分,出现三次以上扣0.5分。

(2)同一手形每出现一次轻微错误扣0.05分,出现两次扣0.1分,出现三次以上扣0.2分；同一步形、步法出现一次轻微错误扣0.05分，出现两次扣0.1分，出现三次以上扣0.3分；出现一次显著错误扣0.1分，两次扣0.2分，出现三次以上扣0.5分。

(3)凡手法、步法中有动作不清的轻微错误，出现一次扣0.05分，出现两次扣0.1分，出现三次以上扣0.3分。出现一次显著错误扣0.1分，出现两次扣0.2分，出现三次以上扣0.5分。

2.其他错误扣分

下列错误每出现一次，根据不同程度，予以扣分：

(1)遗忘：扣0.1～0.2分。

(2)服装影响动作：扣0.1～0.2分。

(3)失去平衡：晃动、移动、跳动扣0.1分；附加支撑扣0.3分；倒地扣0.5分。

(4)规定套路的动作路线、方向错误：扣0.1分。

演练水平分

演练水平分满分为3分。裁判员根据运动员现场表现的整套演练水平，按照八极拳在功力、演练技巧、编排等方面的标准，整体比较，确定扣分，从该类分值中减去应扣分数，即为运动员的演练水平分。

1.劲力水平分值为1分（劲力、协调各占0.5分）

凡劲力充足，用力顺达，力点准确，手、眼、身、法、步配合协调，动作干净利落者，不予扣分；凡劲力或协调与要求轻微不符者，扣0.05～0.1分；凡与要求显著不符者，扣0.15～0.3分；凡与要求严重不符者，扣0.35～0.5分。

2.演练技巧分值为1.5分（精神、节奏、风格各占0.5分）

凡精神饱满，节奏分明，风格突出者，不予扣分；凡精神、节奏、风格的任何一面与要求轻微不符者，扣0.05～0.3分；凡与要求严重不符者，扣0.35～0.5分。

3.编排（内容、结构、布局）分值为0.5分

凡符合内容充实、结构合理、变化多样、布局匀称的要求的，不予扣

分；凡与要求轻微不符者，扣 0.05～0.3 分；凡与要求严重不符者，扣 0.35～0.5 分。

裁判员的示分

裁判员所示分数可到小数点后两位，小数点后第二位必须是 0 或 5。

应得分数

动作规格分与演练水平分之和即为运动员的应得分数。动作规格分与演练水平分的确定方法为：

(1)3 个裁判员评分时，取 3 个分数的平均值为运动员的应得分。

(2)4～5 个裁判员评分时，去掉最高分和最低分，取中间 2 个或 3 个分数的平均值为运动员的应得分。

(3)运动员的应得分数只取到小数点后两位，小数点后第三位不作四舍五入。

裁判长的扣分

收势、起势

(1)起势与收势方向不符合要求者，扣 0.1 分。

(2)起势与收势有意拖延时间，一个动作达 8 秒者，扣 0.1 分；达 10 秒者，扣 0.2 分；达 12 秒者，扣 0.3 分。

重做

(1)运动员因客观原因，造成比赛套路中断者，经裁判长许可，可重做一次，不予扣分。

(2)运动员因动作遗忘、失误等原因造成比赛套路中断者，可重做一次，扣 1 分。

(3)运动员临场受伤不能继续比赛者，裁判长有权令其中止。经过简单治疗即可继续比赛的，可安排在该组最后一名上场，按重做处理，扣 1 分。

❀ 出界

身体的某一部位接触边线外地面，扣 0.1 分；整个身体出界，扣 0.2 分。

❀ 平衡时间不足

凡指定的持久平衡动作的静止时间不足 1 秒者，扣 0.2 分；不足 2 秒者，扣 0.1 分。

❀ 不足或超出时间规定

（1）如果没有在规定时间内完成套路，不足或超出规定时间在 2 秒内者（含 2 秒），扣 0.1 分；在 2 秒以上至 4 秒以内者（含 4 秒），扣 0.2 分，依次类推。

（2）集体项目不足或超出规定时间在 5 秒内者（含 5 秒），扣 0.1 分；在 5 秒以上至 10 秒以内者（含 10 秒），扣 0.2 分，依次类推。

❀ 服装不符合规定

在比赛中，发现运动员服装违反规定，则取消其该项成绩。

❀ 动作组别不够

任何自选套路，动作组别少于规定的要求时，每少一个手形、步形、腿法、跳跃、平衡动作和规定的一种方法，扣 0.3 分。步形和平衡动作，均以定势为准，过渡的或一晃而过的都不算规定的步形和平衡。

❀ 规定套路动作的缺少或增加

（1）漏做或增加一个完整的动作，扣 0.2 分。

（2）跳跃动作的助跑步数或行进动作的步数缺少或增加，每出现一次，扣 0.1 分。

❀ 指定动作的扣分

（1）如未选择一组"指定动作"，除扣去该组指定动作的难度分值外，还应按漏做动作扣分，每漏做一个动作扣 0.3 分。

（2）附加或漏做一个或几个动作时，按动作附加或漏做动作扣分，每附加或漏做一个动作扣0.3分。

（3）改变动作可视为附加或漏做。

（4）每改变一次规定要求的方向，扣0.3分。如果由于方向改变出现附加或漏做，则应按附加或漏做扣分。

（5）重做指定动作的部分或全部，对动作中错误的进行扣分，以第一次完成的动作为准。

（6）如自选套路指定动作位置确定表填报错误，将在该项最后得分中扣0.3分。

 裁判长对评分的调整

（1）当评分出现明显不合理现象时，在出示运动员最后得分前，裁判长须报告总裁判长，经总裁判组同意，可召集场上裁判员协商或同个别有关裁判协商，改变分数。

（2）当有效分数（除去最高与最低）之间出现不允许的差数时，在出示运动员的最后得分前，裁判长可召集场上裁判员协商或同个别有关裁判协商，改变分数。

 最后得分

裁判长从运动员的应得分中减去"裁判长的扣分"再加上"创新难度动作加分"，即为运动员的最后得分。